LA QUESTION

DE

MADAGASCAR

PARIS. — IMPRIMERIE JOUAUST ET FILS, RUE SAINT-HONORÉ, 338.

LA QUESTION

DE

MADAGASCAR

PAR CRÉMAZY

AVOCAT A LA COUR IMPÉRIALE DE LA RÉUNION

———

PARIS

E. DENTU, ÉDITEUR

LIBRAIRE DE LA SOCIÉTÉ DES GENS DE LETTRES

PALAIS-ROYAL, 15 ET 17, GALERIE D'ORLÉANS

1863

AVANT-PROPOS

I

Une question ne parvient à exciter l'intérêt du public qu'à la condition d'être dégagée de toute considération personnelle et accentuée de façon à ne laisser aucune place à l'équivoque. La précision imprime plus de vigueur à l'esprit et lui fait atteindre sûrement le but où il tend, comme aussi les convictions doivent rester fermes, inébranlables, si l'on ne veut pas flotter au souffle de l'opinion du moment.

Voici une question de politique coloniale d'une physionomie particulière, qui se trouve sur le tapis depuis deux cents ans. Après plusieurs temps d'arrêt, nécessités par la force même des choses, elle se réveille aujourd'hui plus vivace que jamais; et, bien qu'elle reprenne rang au milieu des embarras de la situation extérieure, il n'y a pas là matière à découragement, il s'en faut de beaucoup.

Elle se formule en ces termes :

Sept peuplades, à Madagascar, sont courbées sous la tyrannie d'une faible race de Malais, les Hovas, qui foulent aux pieds les droits sacrés de la famille. Tremblant d'effroi devant la lumière de la civilisation, ils mettent tous leurs soins à comprimer l'élan de la liberté. C'est à l'aide de la sagaie et du tanghin qu'ils étouffent les murmures des tribus opprimées. Celles-ci ne demandent qu'une chose : l'intervention d'un peuple ami.

Ils se figurent, dans leur jactance, passer pour des foudres de guerre; mais cette bravade ridicule n'est rien autre chose que le masque transparent de la lâcheté. Une si vive ardeur belliqueuse, qui fait tout leur prestige, ne résiste pas devant la tentation d'une poignée de piastres : ils sont tous avides, et ils ont une aversion instinctive pour le travail et le progrès.

Honneur, biens, personnes, tout se trouve à la merci de quelques vainqueurs heureux ! Tout est tourné par eux en dérision ! Le moment est-il venu de briser les chaînes des Malgaches, qui nous appellent à grands cris ? A quelle nation est réservée cette noble tâche ? Quelle voie suivra-t-elle pour l'accomplir ?

La colonisation de Madagascar, au rebours d'une foule de questions à l'ordre du jour qui attendent leur solution ou des combinaisons de la diplomatie, ou du sort des batailles, n'a malheureusement pas le privilége de tenir le public en éveil. Cette tendance est regrettable, mais elle peut, jusqu'à un certain point, se justifier par l'indifférence de la presse en face d'une œuvre civilisatrice au suprême chef, qui doit assurer à la France le premier rang parmi les puissances maritimes. C'est plus qu'une satisfaction d'amour-propre national : c'est une source de richesses, de revenus, de bien-être matériel, pour les populations vigoureuses et intelligentes.

Nos troupes sont en marche sur Mexico ; une colonne expéditionnaire est allée réprimer le massacre des chrétiens en

Syrie; nos couleurs se sont déployées dans la capitale du Cé-
leste-Empire; Saïgon est tombé en notre pouvoir et forme la
base de nos établissements de Cochinchine... Qu'a-t-on fait
pour Madagascar? Quel projet mûrit-on, de longue date, au
sujet d'une contrée où il y a tant d'intérêts à appuyer, une
tradition française à soutenir, une vaste colonie à fonder?

A deux reprises différentes, notre drapeau a été outragé,
nos traitants forcés ou de fuir le territoire malgache, ou de
se naturaliser Hovas. Un simulacre de réparation fut obtenu;
mais l'insuffisance des moyens nous fit éprouver un double
échec, qui donna le coup de grâce à nos essais de colonisation.

C'est pour consacrer le souvenir de ce revers essuyé par
les blancs que les Hovas exposèrent, en guise de trophées,
sur la plage de Tamatave, les têtes de nos marins et soldats
tombés dans l'action, en 1845. Ces crânes blanchis par le
temps, dressés au haut des sagaies, furent les témoins de plus
d'une scène de carnage et le signe visible d'un défi jeté à la
France par quelques ramas de sauvages! L'assassinat commis
par les Hovas à Bavatoubé (côte ouest) sur la personne de
M. d'Arvoy, agent consulaire français, remonte à l'année 1855;
ce crime est resté impuni. Il est plus aisé de se taire que
d'oublier.

La barbarie de ce procédé fait reculer d'indignation. Cet
acte fut cependant un des moindres attentats de Ranavalo,
toujours flattée dans ses instincts de cruauté par Rainizoar,
l'esclave titré des ordres de cette reine, qui prenait plaisir à
voir couler le sang. Elle est morte le 16 août 1861, à Tananarive, exécrée de ses sujets.

C'est Rakout qui est aujourd'hui en pleine possession du
pouvoir, sous le nom de Radama II. Répudiera-t-il la succession de sa mère? Se fera-t-il, au contraire, le champion des

idées rétrogrades qu'il avait combattues avant son avénement au trône des Hovas? C'est ce que l'avenir nous apprendra. En tout état de cause, n'est-il pas permis de craindre que les menées de son entourage ne réussissent un jour à détruire les espérances qu'il a laissé entrevoir? Poser la question, c'est y répondre affirmativement.

II

Il n'y a qu'une puissance au monde qui ait des droits incontestables sur Madagascar, et cette puissance est la France. Nos titres de souveraineté sont avérés, dûment établis, et datent de 1642. Aucune mission, aucune intrigue, aucune prétention étrangère, ne pourrait les ébranler. L'Angleterre elle-même les reconnaît, peut-être à son corps défendant, depuis l'incident diplomatique soulevé en 1816 par Robert Farquhar, gouverneur de Maurice, et suivi du retrait immédiat des forces anglaises échelonnées sur différents points de la côte.

Le danger ne vient pas de l'étranger, mais de nous-mêmes, et tient à notre manque de confiance dans toute idée de colonisation, à notre hésitation à lier de nouvelles relations avec les pays d'outre-mer peu ou point connus. Les Anglais ne doivent-ils pas leur grandeur maritime à cette hardiesse d'entreprise qui leur fait abandonner les sentiers battus de la routine, à cette solidarité nationale qui leur fait traverser les plus grandes crises?

Chez nous, il en est autrement : on procède avec plus de timidité, on agit avec moins d'ensemble. S'emparer de Madagascar à lutte ouverte, en chasser les Hovas, affranchir les autres tribus, les exciter à secouer le joug et à prendre les armes contre l'ennemi commun, régénérer les Malgaches au contact de notre civilisation, introduire chez eux, avec le goût de la culture, le respect de la famille et la fidélité à la foi jurée : tel est, en définitive, le seul programme qui ait chance de réussite, quand l'attitude ultérieure de Rakout viendra donner un éclatant démenti à ses belles promesses d'aujourd'hui.

Que d'autres se récrient, qu'ils qualifient cette forme d'intervention de violation territoriale, peu importe! L'histoire est là pour confirmer nos titres de propriété sur l'île malgache. Ce témoignage n'est pas sujet à caution, et rallie, du reste, bien plus de convictions que le paradoxe qui consiste à regarder une expédition française à Madagascar comme une atteinte portée au droit des gens.

Accepter et développer cette thèse, c'est faire injure aux instincts généreux qui caractérisent le peuple français; c'est signer notre propre abdication, sauf la ressource de recourir à la violence pour faire revivre notre autorité quand il sera trop tard. Nous la repoussons donc, comme faisant bon marché de notre dignité nationale, avec la même fermeté que nous mettons à constater l'inefficacité des voies et moyens de persuasion religieuse que l'on essaye de mettre en avant. Une telle doctrine est un non-sens politique.

Les Hovas se prétendraient-ils sérieusement possesseurs de droit de la grande île africaine? Qu'ils aient ou non cette croyance, cela ne fait rien à l'affaire; nous la tenons pour ce qu'elle vaut, c'est-à-dire pour une monstrueuse hérésie : car ce sol, dont ils se disent les seuls propriétaires, ils s'en sont rendus maîtres par la force des armes, en profitant de l'inaction de la France; mais rien ne montre, dans notre conduite passée, l'intention de valider cette usurpation. La prescription ne peut courir à leur profit, à moins de dénier un effet interruptif aux expéditions militaires entreprises sous le régime des Bourbons et sous la monarchie de juillet, en 1829 et en 1845. Le gouvernement impérial saura donc se montrer à la hauteur de la tâche qu'il lui reste à accomplir dans la mer des Indes, en tournant ses vues vers la France orientale.

Madagascar sera la juste compensation de la perte de nos colonies du siècle dernier : le Canada, la Louisiane, l'Inde et l'Ile-de-France, enlevées à la suite de guerres désastreuses ou de honteux traités. Le sol de cette immense contrée convient à tous les genres de culture : au riz, au blé, à la vigne, au cotonnier, au caféier, à la canne à sucre, aux plantes oléagineuses et tinctoriales. La houille, le fer, l'acier, l'étain, le cuivre, le plomb, se rencontrent en gisements considérables à peu de distance de la baie de Diego–Suarez, située par 12°14′ de latitude sud, et qui n'a pas moins de vingt-cinq lieues de circuit. La France peut en faire le plus beau port du monde, un Toulon ! Et, en attendant le jour où nos vaillants soldats, prenant pied à Madagascar, viendront y acquitter une dette d'honneur léguée par le passé, les paquebots de la nouvelle ligne des Messageries impériales de Suez à la Réunion trouveront à Diego-Suarez un ancrage parfait ; les navires du commerce, un port de relâche et bientôt des bassins de radoub. Là, surtout, point de ces ouragans terribles, tels que le cyclone du 2 février, qui a bouleversé notre île en causant des désastres sans nombre sur terre comme sur mer. Vingt-cinq mille ouvriers sont occupés à la tranchée du seuil du Serapeum, et, avant peu, le canal de Port-Saïd à la mer Rouge sera ouvert à la navigation. Quel avenir pour Madagascar !...

A l'œuvre, colonisateurs, créoles de la Réunion et Européens! Une mine inépuisable de richesses s'offre à votre activité et vous présente la perspective de ces grandes fortunes si faciles à réaliser dans les pays vierges. Mais, pour cela, il faut travailler, travailler sans cesse, travailler toujours. Sans le travail et la conduite, on ne parvient à rien; sans la constance et l'énergie morale, on résiste avec peine aux épreuves de la vie. Au milieu de tant de vicissitudes, au milieu de cette crise commerciale qui semble devoir engloutir la colonie, à en croire les alarmistes, se laisser aller à l'abattement est un signe de faiblesse; se rebuter, une faute. Hommes de bonne volonté, à la rescousse!

Saint-Denis (Réunion), 7 février 1863.

LA QUESTION

DE

MADAGASCAR

Tamatave (Madagascar), 17 avril 1862 (1).

Le choléra sévit à Port-Louis et dans les districts de Maurice avec une persistance qui déroute toute les prévisions; depuis cinq mois, l'épidémie fait des victimes dans tous les rangs de la société, et elles se comptent par milliers. Aussi les communications sont-elles suspendues entre cette île et la Réunion, car notre administration, un peu plus soucieuse de la santé publique que le gouvernement mauricien, ne recule pas devant la nécessité d'imposer aux navires venant de Port-Louis une quarantaine de vingt jours en queue de rade de Saint-Denis, bien que cette mesure de prudence ait pour résultat de ralentir le mouvement commercial.

Mais, en présence du principe du *free trade*, si souvent faussé dans son application, il faut que tout s'incline, que les douleurs se taisent; les plaintes d'une population alarmée sont repoussées et ne

(1) Extrait du *Sémaphore* de Marseille.

seront jamais un motif assez sérieux pour que l'on songe, en désespoir de cause, à élever le moindre obstacle aux opérations maritimes.

Il est de mode, au sein du *General Board of health*, de croire à la non-contagion du choléra, et l'autorité supérieure part de là pour accorder la libre pratique aux convois d'immigrants indiens arrivant de Calcutta, qui importent avec eux des miasmes morbides et transforment le pays aimé de Bernardin en un redoutable foyer d'infection.

Ce refus obstiné de donner satisfaction au vœu si formellement exprimé de réviser les lois sur la quarantaine et de choisir Rodrigues comme lieu d'isolement n'est pas de nature, tant s'en faut, à opérer une réconciliation entre les créoles français et le gouvernement anglais. Il semble, à vrai dire, se jeter tête baissée dans une politique de casse-cou, si, malgré les conseils les plus sages, il continue à poursuivre la réalisation de ce rêve favori, à savoir d'absorber la population blanche, de l'abreuver de dégoûts, de l'éliminer du pays natal, pour y substituer à la longue la race abâtardie des Indiens et Chinois, sur lesquels la domination est si aisée. Ceux-là, oui, sont prêts à courber la tête sous la pression étrangère, mais non les Mauriciens de la vieille roche, à qui les vainqueurs avaient solennellement promis, aux termes du traité de capitulation de 1810, de respecter la langue, les lois, la religion du peuple conquis. Cette clause est depuis longtemps passée à l'état de lettre morte.

Ces réflexions ne sont pas de pure invention, mais, au contraire, l'expression de l'opinion des habitants, qui nous ont offert une si franche hospitalité pendant un mois de séjour à Port-Louis, alors que le fléau faisait beaucoup de ravages.

Nous voyant dans l'impossibilité de sortir de cette impasse, nous n'eûmes d'autre moyen de nous rendre à la Réunion qu'en allant purger la quarantaine à Madagascar; à cet effet, nous prîmes passage sur un vapeur du commerce français, qui fit route pour Tamatave.

L'aspect de la côte vue de deux milles au large présente une longue chaîne de montagnes, entrecoupées de ravins; mais, à mesure qu'on s'approche de terre, ce rideau de collines disparaît et l'on n'aperçoit plus qu'une plage basse et sablonneuse; puis, à droite, le fort Hova, masqué par des arbres; à gauche, le village des Betsimisaras, et, sur la pointe Hastie, les cases des traitants, qui apparaissent au milieu de bouquets de cocotiers, de ravenalas, d'orangers, de citronniers et de manguiers; derrière sont les marais.

La baie, bordée d'une ligne de brisants, offre un bon mouillage, accessible aux navires de haut bord; la tenue y est excellente, surtout à l'abri du grand récif, la meilleure position pour les bâtiments de l'État, qui peuvent en toute sûreté jeter l'ancre par le travers du fort abandonné de Taniose, situé à l'extrémité nord de la baie.

Quant à l'autre, ce fort à jamais célèbre qui fit reculer nos compagnies de débarquement en 1845, il passait pour une merveille aux yeux des Hovas, qui aimaient à le montrer comme l'épouvantail des Français, jusqu'au jour où l'on put pénétrer dans l'intérieur de la batterie et en constater la faiblesse. Ce fort tombe en ruines; il est percé de treize embrasures, armées de pièces à courte portée, dont trois seulement sont propres au service. C'est là qu'est la résidence du gouverneur. En dehors des fortifications est le camp hova, construit en paille, auquel il suffirait d'un obus pour mettre le feu, tandis qu'on ferait taire la batterie au bout de dix minutes.

Rakout, simple roi des Hovas, fait au premier venu des promesses de toute beauté, dont la réalisation sera longtemps retardée par les oscillations de sa politique. Son avénement au trône paraissait être d'un heureux augure pour le pays, et rien jusqu'ici ne vient justifier cette conjecture. Son gouvernement est faible, sans prestige, sans initiative, sans ressources, livré aux tiraillements les plus opposés; il a, de plus, à lutter contre Ramboasalam, le représentant de l'ancien ordre de choses. Celui-ci, au contraire, riche, puissant, sympathique à la noblesse, adoré par l'armée, personnifie les idées du passé et affiche haut ses prétentions, qui sont de parvenir à renverser la royauté actuelle. Et si, pour comble de malheur, ce parti venait à prendre le dessus, la destinée de Madagascar serait fatalement ramenée aux plus sombres jours de la cruelle Ranavalo. Razafilkarefo, homme d'action et d'énergie, le tient en échec en agissant de concert avec Rahala, premier ministre, et Rahaniraka : tous trois officiers du palais, qui ont fait le coup d'état d'août 1861. L'autorité du roi ne repose donc pas sur des bases bien solides, et, quoiqu'il se dise l'ami et le protecteur des étrangers sans distinction de nationalité, on est réduit à se demander si Rakout ne veut pas nous donner le change en cachant une politique d'astuce et de fourberie sous les dehors d'une bienveillance affectée.

La mission de M. Brossard de Corbigny va sans doute nous révéler des renseignements intéressants. Cet officier supérieur, chargé par l'empereur d'une mission spéciale auprès du roi, n'eut pas même l'avantage d'obtenir, à son arrivée dans la capitale, une audience du gouverneur de Tamatave, si l'on peut donner ce titre à Zano (Andriamandroso), un ancien courtier en bœufs, qui a acheté sa place pour le prix de 40,000 francs. C'est ce quatorzième *honneur* qui jugea à propos de prétexter une indisposition pour se dispenser de recevoir l'envoyé français se présentant à la batterie et venant faire sa visite officielle au gouverneur. Si ce dernier a commis une faute si grossière, ce n'est pas à l'ignorance des usages qu'il faut l'attribuer, mais plutôt à un esprit d'hostilité manifeste contre l'influence française.

Que l'on vienne maintenant dire que les Hovas sont partisans de notre alliance, disposés à faire amende honorable ; que l'on vienne surtout exalter les bienfaits de l'intervention pacifique, est-ce là un langage sérieux ? Ceux qui envisagent cette question de Madagascar, si grosse d'éventualités, sous le faux jour de la philanthropie, se trompent étrangement : ils ne tiennent compte ni de la situation de ce pays, qu'ils n'ont jamais vu, ni des dispositions des Hovas, qu'ils connaissent encore moins. A la faveur de la distance, il est plus que facile, en abordant cette matière, de subir le joug de telle ou telle considération. Eh bien ! disons-le sans détour, nourrir la pensée de voir l'élément civilisateur se développer dans le pays sans qu'il soit besoin de tirer un seul coup de fusil, c'est mâcher à vide, — qu'on nous passe cette expression, — c'est se leurrer d'un espoir irréalisable. Où peu conduire ce système de conciliation autour duquel on fait tant de bruit? Quelles garanties de sécurité, qu'on nous le dise, s'offrent aux premiers colons qui tenteraient la fondation d'un établissement dans une contrée admirablement dotée de la nature, cela est vrai, mais où on ne trouve ni administration, ni justice, ni armée régulière, ni police; où tout est encore à l'état sauvage, et où les instincts les plus déréglés sont livrés à leur libre entraînement?

Rakout accorde des concessions de terres à qui veut en prendre possession; mais après, ce terrible *après* avec lequel il faut se mettre en règle, quelle serait la situation? Suffira-t-il à un colon de se dire possesseur d'une forêt, d'une mine, d'une vaste étendue de terrain, pour qu'il voie la fortune voler à sa rencontre? Et si cet homme, après avoir déployé toute l'activité désirable, usé ses forces et sacrifié peut être son avenir à la réussite de son plan de colonisation; s'il se voit, disons-nous, dépouillé un beau jour du fruit de son labeur, au nom d'un prétendu ordre arraché au roi (et cela sans autre forme de procès), n'y a-t-il pas dans ce futur contingent un *alea* peu rassurant, une perspective de nature à décourager les plus décidés?

Reste à trouver le moyen de mettre ces terrains en valeur, car, s'ils ne sont point exploités dans le délai de cinq ans, ils font retour au roi. Pour ce qui concerne la délivrance des titres de propriété, on n'a garde d'en faire mention : la parole des Hovas en tient lieu, ce qui est une amère dérision.

Voilà le seul obstacle qui paralyse l'essor de la colonisation, et non pas la crainte de l'occupation française, ce cauchemar de quelques écrivains qui verseraient des larmes de douleur à la nouvelle d'une descente à Madagascar. Une expédition militaire est l'unique moyen d'y établir notre souveraineté acquise en droit et en fait, d'ouvrir de nouveaux débouchés au commerce et à l'industrie de la métropole, de dicter nos conditions aux Hovas. Ils sont aujourd'hui aussi perfides, aussi ennemis de la France, aussi soumis à l'influence anglaise, que lors de l'attentat de 1845, comme ils le seront toujours : même duplicité, même tactique, partant même solution : la guerre. En pré-

2

sence d'une telle haine invétérée, il n'y a qu'un parti à prendre, celui de faire tomber cette mascarade sous les canons rayés de nos soldats, de chasser au loin ces tyranneaux de rencontre, de marcher droit sur Tananarive, ayant pour bases d'opérations Tamatave sur la côte orientale, et Majunga dans la baie de Bombetok. Maîtres du centre de l'île, nous pourrons facilement de là rayonner à la circonférence et établir notre autorité sur les tribus malgaches, absorbées par cette parodie de royauté, avec l'appui des douze peuplades hostiles aux Hovas.

Saint-Denis (Réunion), 10 juin 1862.

Un événement important est arrivé le 22 avril à Madagascar : Ramboasalam, cousin du roi et son ancien compétiteur au trône, vient de mourir aux environs de Tananarive.

Avec lui s'écroulent peut-être les prétentions rivales qui causaient tant d'inquiétude à Rakout et qui auraient amené tôt ou tard un conflit. C'était, on le sait, grâce à l'appui de la vieille aristocratie hova, qu'il battait en brèche le pouvoir du roi, qui s'était repenti plus d'une fois de lui avoir laissé la vie sauve après les événements de l'année dernière. Ce parti redoutable, aujourd'hui privé de son principal levier, se trouve condamné provisoirement à l'inaction.

L'attitude hésitante de Rakout n'est pas de nature à lui assurer de nombreux titres à notre sympathie. Les éloges pompeux qui lui sont décernés par la presse anglaise de l'île voisine et quelques fanatiques au sujet de ses dispositions soi-disant amicales manquent de justesse en ce sens qu'il prête trop facilement l'oreille à toutes sortes de conseils, et cela par faiblesse ; mais qu'un jour ou l'autre le masque vienne à tomber, le caractère hova nous apparaîtra dans son effrayante réalité, et ce sera alors entamer une rude besogne que de faire triompher nos droits imprescriptibles, dont nous ne ferons jamais litière au profit d'intérêts éventuels.

Ainsi, en nous dépouillant de notre souveraineté incontestable, nous arrivons, sans nous en douter, à faire la part belle aux Anglais, qui, n'ayant rien possédé, n'ont pu perdre la moindre parcelle de terre à Madagascar, et qui voient, au contraire, chaque jour accroî-tre leur crédit et leur considération à Émirne.

Il y a danger à laisser se prolonger cet état de choses. Il serait bon qu'une voix, fût-elle isolée, s'élevât contre les erreurs accréditées à plaisir par certains journaux, ennemis jurés de la politique fran-çaise, qui s'ingénient à représenter ce qu'ils appellent le *gouverne-ment hova* comme accessible aux idées européennes et manifestant le désir de suivre la route du progrès. Tout cela est faux, radicalement faux, et n'a d'autre but que d'offrir un aliment à la curiosité du jour. C'est donc un devoir pour tout homme d'énergie de protester contre de telles assertions, qui dénaturent les faits, qui ne tendent à rien moins qu'à égarer et à fausser l'esprit des événements.

Pour nous qui avons vu de près les Hovas, nous ne craignons pas d'affirmer, preuves à l'appui, que les conseils des agents britanni-ques leur servent de règle de conduite, car ces derniers comprennent à merveille qu'en étayant la puissance de Rakout, en montrant à l'Europe son pouvoir plus consolidé qu'il ne l'est réellement, ils font l'affaire du roi et celle de la nation anglaise en même temps qu'ils défont la nôtre. S'associer (ce qu'à Dieu ne plaise) à ce con-cert de louanges, ce serait détruire d'un tour de main l'œuvre de deux siècles de luttes, de travaux, de souffrances.

On élève jusqu'aux nues une prétendue civilisation qui s'est, dit-on, répandue à grands flots dans le pays. A quels signes peut-on la reconnaître ? Est ce dans les mœurs, les idées, le langage, qu'il faut en chercher des traces, ou ne serait-ce peut-être pas dans le costume, depuis que les *honneurs* du palais se sont affublés de vêtements ri-dicules au possible, qu'ils portent avec le plus grand sang-froid, se croyant habillés à l'européenne ? Quelle modification a-t-on pu remar-quer dans leur manière d'agir à notre égard ? N'est-ce pas toujours la même méfiance, la même fourberie que par le passé ?

Les Hovas sont nos ennemis déclarés, répétons-le à satiété, et, puisque c'est un fait confirmé par l'expérience, la prudence ne com-mande-t-elle pas au gouvernement métropolitain de se montrer plus vigilant et de déchirer le voile qui recouvre tant d'intrigues ? Pour nos traitants et bouviers, même à l'heure qu'il est, ce ne sont que des blessures d'amour-propre, des vexations à chaque occasion. Voilà le prix de notre silence, la récompense de notre pardon !

Liberté pleine et entière pour le commerce étranger, restriction et entraves pour le pavillon français. C'est ainsi que les navires anglais entrent à Tamatave sans patente de santé, alors que le choléra est en permanence à Maurice ; mais nos capitaines doivent en présenter une bien en règle à la douane, quoiqu'ils arrivent de la Réunion, où ne règne aucune épidémie. Nous avançons ce fait pris entre mille, parce qu'il s'est passé sous nos yeux.

Rakout est-il vraiment roi de Madagascar? On se plaît à le dire, mais aucun acte officiel ne l'atteste. Jusqu'à preuve du contraire il ne l'est pas, car c'est la France, elle seule, qui tient entre ses mains le sort du prince hova. En supposant même qu'elle le reconnût comme le souverain de l'île malgache, ce titre serait purement nominal et ne vaudrait rien en fait. Madagascar a 360 lieues de long à vol d'oiseau, 80 de large en moyenne, et 1,100 de développement de côtes. Sur cette immense étendue, les Hovas n'ont subjugué que les Betsimisaras, peuplade douce et tranquille, qui tremblent devant leurs oppresseurs, tout comme ces derniers prendraient la fuite à la vue de nos soldats.

Il leur reste à faire la conquête du midi, de l'ouest et du nord, c'est-à-dire des trois quarts de l'île. Il y a bien quelque soumission chez les populations limitrophes, mais à une lieue de distance on voit apparaître dans toute leur indépendance primitive les belliqueux Sakalaves, qui n'attendent que le signal de Tsimiar, notre allié, actuellement à Nossi-Mitsiou, pour descendre des forêts où ils habitent et refouler les Hovas jusqu'à la mer. Les tribus du nord n'aspirent qu'à se lever en masse contre ces derniers, dont l'ambition serait de réduire tous les Malgaches en esclavage. Quant aux populations du sud, elles sont si peu domptées qu'elles demandent l'introduction de douze cents barils de poudre. Il est probable que cette poudre n'est pas destinée à être brûlée en signe de réjouissance.

Mlle Juliette Fiche, si connue pour l'hospitalité qu'elle offre aux

Européens, vient d'être élevée au rang de princesse royale : elle est entrée à Tamatave accompagnée d'un nombreux cortége. Le but de son voyage à Tananarive était d'assister au kabar convoqué pour le procès de l'établissement de sucrerie de Soamandrakyzay, sur les bords de la rivière Yvondrou. Elle obtint gain de cause et la condamnation de Sapet et Nab, deux anciens esclaves qui entretenaient des dissensions au milieu des Betsimisaras.

Saint-Denis, 10 juillet.

La mission officielle chargée de représenter le gouvernement au couronnement de Rakout à Tananarive s'est embarquée pour Tamatave le 3 courant, sur la frégate à vapeur l'*Hermione*. Le personnel de l'ambassade, dont le chef est M. Dupré, capitaine de vaisseau, commandant la station navale, se compose d'officiers de la marine et de la garnison ; l'élément civil n'y est représenté que pour une faible part. Souhaitons bon voyage et bonne chance à la mission ; mais nous avons des motifs, malheureusement trop fondés, de craindre qu'elle ne revienne fort peu enthousiaste des Hovas. On a beau dire, on a beau faire, ils nous sont profondément hostiles, et recherchent, par conséquent, l'alliance anglaise de préférence à la nôtre.

La raison en est claire. Ils sont, d'une part, avides d'or et d'argent, et ils en trouvent à foison dans leurs rapports fréquents avec nos rivaux ; d'autre part, ils sont assez rusés pour savoir que la France n'a nullement l'intention d'aliéner ses droits sur Madagascar, et que l'Angleterre n'a et n'aura jamais que des prétentions dérisoires à nous opposer.

Cela ne fait pas l'ombre d'un doute dans leur esprit ; aussi favorisent-ils les intérêts de cette nation, et accueillent-ils avec empressement les récits mensongers propagés par des esprits malveillants qui prennent à tâche de tourner en dérision ce qui touche notre politique.

C'est ainsi que la guerre de Crimée n'existait pour les Hovas que dans la sphère idéale, et il a fallu la campagne d'Italie, et surtout l'expédition de Chine, pour leur prouver que la France avait encore des soldats et qu'elle savait, en cas de besoin, leur faire traverser les mers pour venger l'honneur du pavillon ou les vexations exercées contre ses nationaux.

Du reste, cette dernière expédition les avait rendus beaucoup plus souples, car leur grande terreur était de voir arriver à tout moment les transports chargés de troupes revenant de Saïgon ; la reine avait imposé à chaque bouvier des espions qui devaient lui rendre compte du nombre des soldats, des navires de guerre, à Saint-Denis : s'il y en avait un, ils disaient en avoir vu dix. Les promenades, revues et exercices militaires leur laissaient une profonde impression, et, de retour à Emirne, ils en faisaient un rapport alarmant.

En attendant que les événements tranchent la question de Madagascar dans un sens favorable aux intérêts français, à l'exclusion de tout autre, il serait bon d'obtenir du prince hova quelques modifications urgentes ; par exemple, un règlement de port pour la rade de Tamatave, la surveillance et l'entretien des aiguades, la défense du déboisement de l'île aux Prunes, dont les arbres servent de reconnaissance aux marins, et, par-dessus tout, l'organisation d'une police pour prévenir le retour d'actes d'arrestation commis sur des Européens au mépris du droit des gens. En voici un exemple qui s'est passé sous nos yeux à Tamatave, au mois d'avril dernier.

Le capitaine d'un vapeur français prêt à partir, ayant ses bœufs à bord et ses feux allumés, fut saisi par des soldats hovas et traîné jusqu'au fort, sous prétexte qu'un matelot de l'équipage, débiteur de l'un d'eux, s'étant enfui sans payer, il devait être déclaré responsable de ce fait. Le capitaine, conduit devant Andriamandroso, lui fit sentir, dans un langage énergique, l'odieux de cette conduite, et lui promit de porter sa plainte au chef de la station et au gouvernement français s'il n'était pas de suite mis en liberté. Cette menace produisit effet sur le gouverneur ; se rappelant aussitôt l'apparition de l'*Hermione* dans les eaux de Tamatave, il céda à un mouvement de peur et fit accompagner ce capitaine par quatre officiers jusqu'à l'embarcadère. Qu'on juge, d'après ce fait, si les Hovas ont quelque respect pour le nom français, s'ils sont disposés à faire oublier leur passé par quelques prévenances à notre égard.

Rakout vient de proclamer la liberté du commerce des bœufs et le rend accessible à ses sujets ; pour combler le déficit qui se produira dans ses finances à la suite de cette mesure, il aura recours à quelque expédient tel que les exactions et le pillage : ce sont là des ressources tout assurées qui figurent pour un chiffre respectable dans les prévisions de recettes, si tant est que l'on sente à Emirne la nécessité de dresser un budget.

D'après des nouvelles de Manourou en date du 22 juin, les Antanossis, peuplade guerrière du Sud, ont pillé et incendié un établissement de sucrerie, ainsi que des plantations de cannes, qu'ils croyaient être la propriété du roi, tandis que l'usine appartient à un négociant de notre place. Ce fait est de la plus haute gravité et vient détruire le bruit répandu à dessein par les journaux anglais de Maurice, à savoir que les tribus du Sud et de l'Ouest avaient fait acte de soumission entre les mains de Rakout. Rien n'est plus inexact ; les Sakalaves du Ménabé nourrissent toujours les mêmes intentions hostiles contre les Hovas.

Rakout, esprit faible et timide, aura donc une peine inouïe à tirer parti du titre de souverain de Madagascar, que semble lui reconnaître la diplomatie. Il perd du terrain chaque jour ; il lui faut tenter un grand coup pour avoir raison de ses implacables adversaires. Il se trouve frappé d'impuissance, car il sait fort bien qu'il n'a ni l'énergie, ni les connaissances militaires, ni les moyens d'action nécessaires à la réussite de la conquête de Madagascar, que la France seule a le droit et le pouvoir d'entreprendre. Un complot se forme contre lui à Tananarive. Raboud, sa première femme, est à la tête du mouvement. Elle s'est définitivement tournée vers le vieux parti hova, auquel se sont ralliés tous les mécontents, qui accusent Rakout d'avoir vendu le pays aux blancs, à cause de la présence des Français à la capitale. L'occupation militaire est donc un élément indispensable à la colonisation même partielle du territoire malgache.

Saint-Denis, 10 août.

Nous marchons de surprise en surprise, de déception en déception, dans nos rapports avec les Hovas. Rahaniraka (1), l'ami intime des Anglais, ose se décorer, au su et au vu de tout le monde, du titre de ministre des affaires étrangères, comme on le voit par une lettre qu'il a adressée, sous la date du 15 juin, à un honorable habitant de la colonie. Libre à l'officier en question de se dire *quinzième honneur*, mais c'est le comble du ridicule de voir nos institutions ainsi travesties. Il est temps que l'on mette fin à cette indigne comédie jouée à la face de l'Europe, et que le droit reprenne son empire.

L'objet de la dépêche ministérielle est de porter à la connaissance de « tous les blancs de Bourbon » (*sic*) que Rakout, le chef hova, a donné contre-ordre aux préparatifs du couronnement. Il l'ajourne au 23 septembre prochain, jour anniversaire de sa naissance, au lieu de le célébrer le 15 courant, comme il l'avait annoncé dans sa proclamation.

A ce propos, il importe de remarquer que les conseillers malintentionnés ont blâmé le roi d'accueillir l'idée de faire coïncider cette cérémonie avec la fête nationale des Français, et, comme Rakout n'est pas homme à avoir une volonté propre, comme il est dépourvu totalement de force de caractère, il a subi en cette circonstance la pression des Anglais, qui, par une fatalité singulière, se trouvent tou-

____

(1) Les dernières nouvelles nous ont appris sa mort.

jours sur notre chemin là où ils n'ont pas le droit de faire acte d'apparition, surtout à Madagascar, possession française depuis 1642, en dépit de leurs invectives, récriminations et doléances.

Cette date du 15 août, disent-ils, réveille chez le roi de cruels souvenirs, car elle le reporte à la mort de sa mère Ranavalo (de si triste renommée !). Puisque ce secret intime nous est si tardivement révélé par des amis officieux, gardons-nous de troubler une douleur légitime. On n'a certes pas de peine à concevoir que Radama doit se montrer pour le moment moins disposé à penser aux fêtes et aux plaisirs qu'à payer un tribut de regrets à la mémoire de *ce Caligula féminin* dont il se prépare sans doute à mettre les leçons à profit dans un avenir plus ou moins rapproché.

La lettre de Rahaniraka ne contient que cinq lignes, mais elle en dit assez pour nous froisser dans notre amour-propre national : le ministre hova décerne à Radam le titre de roi de Madagascar. Si jamais qualification fut usurpée, c'est à coup sûr celle-là, et elle restera à l'état de fiction jusqu'au jour où la reconnaissance officielle du royaume paraîtra dans les colonnes du *Moniteur*. Disons mieux, c'est une fanfaronnade ou un défi.

Nous connaissons à merveille l'habileté de la tactique anglaise, et les manœuvres qu'emploient nos voisins en vue d'exercer à nos dépens, sur le territoire entier de Madagascar, la suprématie illimitée qu'ils nous contestent. Pour repousser leurs prétentions rivales, nous n'avons qu'à nous appuyer sur nos droits de priorité, qui dérivent, d'après le droit international, de notre prise de possession effectuée à Sainte-Luce, à une époque où aucune nation européenne n'avait encore songé à s'établir dans l'île. Malgré les intrigues, la jalousie et les efforts opiniâtres des Anglais, donnons-leur pour certain qu'ils ne réussiront pas à gagner la partie.

On les voit s'implanter à Emirne, y envoyer des missionnaires, des agents diplomatiques; mais dans quel but se mettent-ils en contact si intime avec les Hovas ? Comment se fait-il qu'à l'exposition universelle de Londres, Madagascar figure comme faisant partie des dépendances de l'île Maurice ? A quel usage a été destinée la somme de

1,550,000 fr. jetée en pâture à Radama Ier, par les Anglais, de 1813 à 1826? et qui peut savoir ce qu'ils ont dépensé en argent et en munitions de guerre pour les Hovas depuis vingt-cinq ans? Viendront-ils dire que c'est dans le but d'appeler Radama à goûter les bienfaits de la civilisation moderne, dont ils veulent se réserver le monopole?

Cette considération a été trop souvent invoquée pour être vraie à l'égard d'une tribu infime qui n'obéit qu'aux instincts de meurtre et de brigandage; c'est un prétexte adroitement imaginé par les Anglais pour abriter leurs projets d'ambition, surveiller l'attitude de Rakout au centre même de sa domination, et affaiblir l'autorité de la France, dont ils ne cessent de contre-carrer la politique.

Telle est la situation, telle est la conséquence nécessaire à laquelle on arrive, pour peu que l'on examine sérieusement la question et que l'on apporte dans la discussion un esprit exempt de préjugés, de passion ou de faiblesse. Ainsi, d'une part, on ne peut-révoquer en doute que les Anglais ne soient tout-puissants à Tananarive et qu'ils n'y inspirent un vif enthousiasme; et de l'autre, la demande du protectorat de la France est une idée sans fondement, un conte inventé à plaisir.

Aussi rien n'est-il plus triste que de voir quelques publicistes français, esprits timorés ou gens à courte vue, célébrer sur tous les tons la majesté royale de Rakout, l'indépendance de son caractère et sa vivacité d'intelligence, comme si le chef hova était monté du jour au lendemain au rang de puissance établie, et qu'il se fût opéré une transformation à vue d'œil dans l'aptitude et les tendances du roi d'Ankove.

De telles assertions, produites avec sincérité, il faut le croire, pèchent d'abord contre la vraisemblance : elles sont de nature à induire le public en erreur, et, ce qu'il y de plus fâcheux, peuvent porter un coup funeste à nos intérêts, car il coule de source que notre intention est d'exercer à Madagascar une autorité sans partage, quoi qu'en dise le *Commercial Gazette* de Port-Louis, organe semi-officiel du gouvernement mauricien. S'il fallait s'en rapporter aux optimistes à outrance, il n'y aurait pour nous d'autre parti à prendre qu'à épuiser la voie des négociations (ce qui est un piége), user de ménagement envers les Hovas, leur faire entendre un langage bienveillant, et l'on perd de vue que ces assassins ont infligé au drapeau français un affront qui n'a pas été réparé.

C'est, dit-on, le commerce, l'industrie, la civilisation, l'approvisionnement de la boucherie pour la consommation de la Réunion, qui exigent de notre part l'oubli radical du passé. — Non, cela n'est pas possible ! Lorsque le sang de nos marins, soldats et traitants a coulé, lorsque l'honneur national a reçu une profonde atteinte, est-ce faire acte de courage et de patriotisme que de prononcer du bout des lèvres les mots d'économie, de philanthrophie, d'alimentation publique, de conquête pacifique ou de rénovation religieuse ?

Resserrée dans de si étroites limites, la question malgache ne présenterait plus qu'un médiocre intérêt et descendrait du rang élevé où elle doit être maintenue ; les droits séculaires de la France seraient écartés, sa politique condamnée, ses projets sacrifiés aux besoins du moment. Tout le monde le dit, le répète, et l'on n'a pas l'air de se douter que, si, par impossible, de futiles objections viennent à être de quelque poids dans la balance du débat, on arrive nécessairement à faire de notre prépondérance à Madagascar une question de gros sous.

Voilà pourtant le système adopté par différents organes de publicité ; mais, si on était tenté de chercher le mot de l'énigme, il serait aisé d'apercevoir qu'ils s'ingénient beaucoup trop à ménager la chèvre et le chou, afin de ne heurter ni les Anglais, ni les Hovas. Pour notre part, nous nous sentons incapable de ce tour de force.

Et en effet, de deux choses l'une : ou nous devons démasquer la perfidie des Hovas et l'ambition de leurs complices en revendiquant nos droits de propriété, en nous établissant à Madagascar *ense et aratro*, sans demander l'assentiment d'aucune puissance européenne, encore moins celui de l'Angleterre ; ou bien il faut prendre fait et cause pour Radam, tolérer son usurpation ainsi que les empiétements des Anglais, nous montrer dociles à subir ses moindres caprices et les vexations de son entourage, prêts à conserver la paix à tout prix en abdiquant notre souveraineté entre les mains de l'étranger.

L'alternative est bien établie : c'est entre ces deux voies qu'il s'agit d'opter. Tenter quelque conciliation, c'est courir gros risque de ne satisfaire ni les uns ni les autres. Et quand on voit des hommes de mérite exprimer leurs félicitations à un chef sauvage tout en recueillant des griefs pour l'avenir, lui tresser des couronnes et en même temps forger des armes contre lui, n'a-t-on pas le droit de dire qu'ils jouent un rôle peu digne de la France, peu conforme à ses vues généreuses? Est-ce faire preuve d'énergie et d'indépendance que d'étendre des guirlandes de fleurs sur les chaînes destinées à la caste hova? Si votre liberté d'action se trouve compromise, renfermez-vous dans un silence absolu, mais ayez soin d'éloigner de vos esprits le fantôme de l'intervention anglaise, et faites-en le cas qu'il faut en faire : reléguez-la dans le domaine des chimères. Le canal maritime de Suez s'achèvera, et Madagascar rentrera sous la domination exclusive de la France, malgré les hauts cris jetés par l'Angleterre : Perim et Aden lui serviront de fiches de consolation.

En résumé, Rakout est notre ami aujourd'hui, ou du moins il se fait passer pour tel; mais peut-on être certain qu'il le soit demain, dans un an? Quel est l'homme au monde qui peut se porter garant de ses intentions? qui peut affirmer celles du successeur de ce prince?

L'ouverture des ports au commerce est un fait à noter, nous en convenons; mais qu'une garnison militaire vienne assurer aux colons le bienfait de la sécurité, est-ce uniquement sous le rapport de nos approvisionnements de bœufs qu'il s'agira d'envisager les avantages à retirer de l'immense terre malgache? La houille de Bavatoubé, les minerais d'étain et de fer, les bois de construction et d'ébénisterie, les ports magnifiques de la province d'Ankara, tout cela ne peut-il pas entrer en ligne de compte? Toutes ces richesses naturelles, offertes au premier occupant, ne peuvent-elles pas être la source d'une grande prospérité pour notre pays?

Arrivons maintenant aux faits : ils sont d'une extrême gravité, et serviront sans doute de leçon aux prétendus philanthropes anglais. Qu'ils conservent leurs illusions pacifiques, fort bien ; mais, quand l'honneur est en jeu, ce ne seraient pas leurs idées creuses qui pourraient opposer une barrière aux hommes d'action. Il n'y a qu'un moyen possible d'abattre l'arrogance des Hovas, c'est la guerre. Il faut en finir une fois pour toutes, il faut les anéantir.

M. Dupré, en débarquant à Tamatave, le 8 juillet, à la tête de la députation française, eut à réprimer une insulte grossière commise envers notre pavillon par Andriamandroso.

Ce dernier a témoigné dans cette circonstance, comme il l'avait précédemment fait à l'égard de M. Corbigny, quel était son mépris pour l'uniforme français : aussi l'attitude de M. Dupré a-t-elle été des plus énergiques et digne d'éloges. Le gouverneur avait jugé à propos de ne pas se conformer aux cérémonial réglé entre la frégate et le fort pour le débarquement ; après s'être fait attendre une demi-heure, il arrive escorté de quelques officiciers et présente la main au commandant ; celui-ci la refuse, en présence de tous les Hovas de Tamatave.

De là confusion, menaces, tumulte. La mission française allait se rembarquer, lorsque l'ex-bouvier se ravise et vient faire des excuses publiques au chef de l'ambassade. Et voilà ce peuple autour duquel on fait luire une auréole de gloire, tandis qu'il sort à peine des langes de la barbarie ; c'est ainsi qu'il reçoit les envoyés de la France ! Si le passé répond de l'avenir, il est probable que ce gouverneur hova ne tardera pas à faire encore des siennes. De tels incidents font mûrir la question.

La mission française de Madagascar, partie de Tamatave le 15 juillet, est arrivée après douze journées de marche au pied de Tananarive. L'expédition était accompagnée de 500 hommes portant les *fi-takons* (palanquins); trente pirogues la suivaient pour le passage des lacs et cours d'eau. Il n'a pas fallu moins de deux jours pour traverser la magnifique forêt d'Almazaüt, qui présente à l'œil du voyageur tout ce qu'un enthousiaste de la nature tropicale peut rêver de plus imposant. Ce bois attire d'autant plus les regards qu'il ne s'en rencontre pas dans la province d'Ankovee aussi fréquemment qu'on serait tenté de le croire, les Hovas ayant l'habitude d'incendier des forêts entières pour y semer du riz. Lorsque le sol est épuisé, ils vont porter ailleurs leurs ravages. Voilà le seul mode de culture en faveur chez eux. Aussi le pays qu'ils habitent présente-t-il l'aspect d'une suite de mamelons dénudés, entre lesquels se forment pendant l'hivernage des mares d'eau d'où s'exhalent des vapeurs dangereuses, qui sont le véhicule de la fièvre.

L'essentiel pour nous serait d'avoir une route praticable à l'artillerie, aux ambulances et au train des équipages. Si l'on explorait celle qui part de Majunga (côte ouest), d'après l'itinéraire qu'en donne M. Guillain, on arriverait au résultat cherché. En outre, les Malgaches fréquentent des sentiers qui conduisent de Fénérif, de Manahar, de Vohémar, à Tananarive. De ces différents points le voyage, quoique plus long, se fait moins péniblement; il n'y a que des plaines à tra-

verser. Le trajet actuel, si dangereux à cause des précipices, pourrait être abrégé de plus d'un tiers si on se dirigeait droit sur Émirne,
au lieu de franchir les lacs et de faire un coude jusqu'à Andevou-
rande ; mais le roitelet Rakout, que l'on dit être si passionné pour la
civilisation parce qu'il manifeste une inclination très-prononcée pour
la musique hova, le verrons-nous se décider à laisser ouvrir une route
carrossable qui conduise à sa capitale ? Assurément non, car il se rap-
pelle les paroles de Radam Ier : « Si les Européens trouvent un chemin qui mène jusqu'à Tananarive, la puissance des Hovas est dé-
truite. » Tâchons d'en tracer un pour atteindre ce but.

Rakout, ignorant et illettré, n'a et ne peut avoir aucune initiative
personnelle. Assis sur le trône par suite d'une révolution de palais,
il est tenu d'obéir à l'impulsion que lui communiquent les membres
d'une oligarchie puissante (1), essentiellement hostile aux blancs, laquelle dirige seule les affaires. Elle poursuit en secret son projet
perfide, elle le couve avec soin, et quand un beau jour on verra les
sauvages Hovas faire main basse sur les établissements français de
Madagascar, expulser nos nationaux du sol malgache, qui n'appartient cependant qu'à la France, on se récriera, on s'apercevra que ces
promesses étaient un leurre adroitement dissimulé.

Nous perdons un temps précieux à faire assaut de courtoisie : c'est
une fausse manœuvre. Prenons une attitude ferme et catégorique.
Que demandons-nous, en fin de compte ? — Que le gouvernement
français envoie deux régiments de ligne occuper la province si fertile
et si salubre d'Ankara, pour protéger les colons et leur prêter main-
forte en cas d'agression. S'il se refusait à le faire, il ne lui resterait
d'autre moyen que celui de gagner les Hovas à prix d'or pour décou-
vrir les menées coupables de l'Angleterre, pour détruire son influence
dans l'île africaine. Eh bien ! dépensons plus que les Anglais, dépen-

(1) D'après l'assertion si digne de foi de M. Louis LACAILLE, un de nos doc-
teurs les plus distingués, auteur d'un nouvel ouvrage très-estimé, qui vient de
paraître à la Librairie Dentu, sous ce titre : *Connaissance de Madagascar*. Paris,
in-8°, 1863. (V. p. 224 et suivantes.)

sons, s'il le faut, un million par an ; mais, si ce procédé répugne à notre caractère de franchise et de loyauté, sachons recourir à l'*ultima ratio*, tactique bien autrement efficace que tout l'or du monde répandu à Tananarive.

Qu'arrivera-t-il, on se le demande avec anxiété, lorsque le bruit des fêtes sera dissipé, lorsque la mission sera partie? Quelles garanties de sécurité trouveront nos résidents au milieu de ces Hovas aujourd'hui paisibles, mais demain hautains et sanguinaires? Qui mettra nos parents et nos amis à l'abri de toute vexation, de toute injustice? Cette seule perspective fait trembler, et la France, si généreuse, qui demande au gouvernement de Juarez la réparation de ses torts envers nous, ne daignera-t-elle pas jeter un regard de compassion sur des enfants sortis de son sein, livrés, dans la plus grande île de la mer des Indes, aux caprices d'un peuple barbare?

Ces réflexions jetées en passant, reprenons le récit des nouvelles de Tananarive.

Rakout a envoyé au-devant de la mission, pour lui souhaiter la bienvenue, son cousin le prince Ratzimandago, accompagné de cinquante hommes et de la musique royale, dont les Hovas sont si fiers. Pour se faire une idée de l'habileté des exécutants, il suffit de se reporter aux fêtes des environs de Paris : mêmes airs variés, même harmonie. Le 28 juillet, à midi, nos compatriotes faisaient leur entrée solennelle dans la capitale des Hovas, au bruit du canon. Quatre cents soldats, tous en uniforme (chose rare dans ce pays !), bordaient la haie de chaque côté de la route ; ils étaient sous les ordres de Rahinivoultnihatonou, fils de Rainiharo, qui fut ministre sous Ranavalo de 1832 à 1846, et inspira à celle-ci tant d'atrocités. Une grande foule était accourue de huit lieues à la ronde pour voir les Français, ou plutôt les brillants costumes de nos officiers.

La mission a été reçue par le roi trois jours après son arrivée, le 31 ; elle s'est rendue à pied au palais, escortée des officiers supérieurs et d'une garde d'honneur. Rakout et Raboud ont reçu l'ambassade dans le *Palais d'argent*, préparé pour la circonstance depuis deux mois, et décoré des cadeaux faits par des étrangers à Radam et à Ranavolo. Le roi se serait, dit-on, montré bienveillant à l'égard des membres de la mission, et les aurait invités à sa résidence particulière, située aux environs de la ville.

A Tamatave, comme à Tananarive, la fête nationale du 15 août a été célébrée avec le plus grand appareil militaire. La frégate l'*Hermione* et la corvette la *Loire* se pavoisèrent dès le matin et annoncèrent la fête par une salve de vingt et un coups de canon. Au même instant, un piquet de vingt hommes, tambours et clairons en tête, descendit de la frégate et se rendit à l'église catholique pour assister au *Te Deum*.

Les Hovas s'étaient empressés d'accourir sur le rivage, conduits moins par la sympathie que par une crainte sérieuse à la vue de ce déploiement de forces. Les carabines de nos marins leur causaient une vive inquiétude, car ils voyaient que nos armes de précision peuvent défier leurs sagaies et leurs vieux fusils de pacotille; les canons rayés formaient le sujet intarissable de leurs conversations.

A l'issue de la cérémonie, Andriamandroso se rendit à bord de la frégate, et le chef d'état-major fit défiler en sa présence, sur le pont, quatre cents hommes de débarquement avec obusiers, armes et bagages. C'était plus qu'il n'en fallait pour donner au gouverneur et à son triste entourage un aperçu de la force militaire de la France.

A la Réunion, la querelle des démocrates et cléricaux, un instant suspendue, reprend de plus belle; mais ce n'est, au fond, qu'une querelle de mots. L'opinion publique reste indifférente à cette nouvelle levée de boucliers; notre petit pays est toujours aussi calme que par le passé, malgré les articles plus ou moins furibonds que l'on s'échange de part et d'autre. Pour nous, nous sourions volontiers de pitié aux efforts désespérés de certains esprits qui s'imaginent que leurs diatribes peuvent interrompre le cours de la Révolution et que la marche de la société se trouve arrêtée parce qu'ils sont pétrifiés dans le culte du droit divin; mais ce n'est pas sur ce terrain qu'il convient d'engager la discussion.

Au premier rang des questions intéressant l'avenir de la colonie vient se placer la réforme, tant de fois sollicitée, mais sans succès, du sénatus-consulte du 3 mai 1854, qui nous a frappés d'incapacité civique et nous tient enchaînés sous la tutelle administrative. Ce système rigoureux ne devait être que transitoire; il est temps, grand temps, que la loi d'exception fasse place au droit commun. Nous sommes déchus de la jouissance de tout droit politique, bien que nous ayons la qualité de citoyens français, bien qu'ici le développement de l'esprit public soit un fait digne de remarque et nous place à un niveau presque égal à celui de l'état social de la France. Cette contradiction est choquante et ne se justifie pas.

Ce qui cause notre malheur, c'est que, faute de renseignements exacts, on se laisse arrêter par des craintes puériles qui n'ont aujourd'hui aucune raison d'être. On semble (et c'est bien à tort) redouter de voir le pays livré aux passions des luttes électorales, et l'on arrive ainsi à mettre en question l'homogénéité, la fermeté de caractère, la modération, le bon sens pratique, des colons de la Réunion.

Eh quoi! la colonie s'est-elle montrée, oui ou non, plus sage que la métropole au milieu de la catastrophe de 1848? Tandis que le torrent des utopies socialistes conduisit la France aux journées de juin, l'émancipation des noirs, acte profondément juste et empreint d'une haute pensée humanitaire, qui, d'un autre côté, fut l'arrêt de mort d'un grand nombre de petits cultivateurs; l'émancipation, disons-nous, servit de point de départ à l'organisation du travail libre et marqua l'avénement d'une ère nouvelle dans l'industrie sucrière, que l'on croyait avoir frappée au cœur. Le principe de la liberté ne peut pas périr; quant aux colonies, elles sont sorties victorieuses de l'épreuve, malgré les tristes pronostics des négrophiles.

Si pourtant, à l'époque de cette grande transformation, l'ordre public ne fut jamais troublé un seul instant, quelle raison y a-t-il, après un intervalle de quinze ans, après la fusion des deux populations, de nous refuser ce qui forme les éléments essentiels de la démocratie française, c'est-à-dire le suffrage universel, la liberté de la presse, des institutions indépendantes? Au lieu d'y voir la source de graves dangers pour le pays, n'est-il pas plus logique de les considérer comme le gage de la culture intellectuelle des masses? Le gouvernement colonial, composé, le plus souvent, d'administrateurs peu ou point avancés, toujours étrangers à nos affaires, a besoin d'amis éclairés pour naviguer au milieu de ces écueils que l'on appelle *les influences locales ;* mais son caractère serait dénaturé, sa marche entravée, sa tendance peu comprise, s'il se voyait entouré d'une foule d'adulateurs qui n'auraient d'autre rôle que de courber l'échine en sa présence.

Confiants dans l'avenir, tournons nos regards vers les régions les plus larges, élevons-nous à la libre discussion de nos droits méconnus, et que ceux qui se consacrent à la défense de nos intérêts frappent en soldats, non en meurtriers. Qu'ils s'étudient à nous faire connaître, pour nous faire aimer ; qu'ils nous présentent à la mère-patrie tels que nous sommes ; qu'ils désarment les colères et fassent taire les préjugés. Tenons surtout pour certain que la meilleure des garanties pour les intérêts matériels est précisément une bonne organisation de la liberté politique.

Sans être *laudator temporis acti,* nous ne pouvons nous empêcher, à ce sujet, de rappeler, d'après le témoignage de nos anciens, ce que produisait de sensations et d'émotions diverses, dans la colonie, certaine feuille qui tombait de temps en temps au milieu de la place publique, éveillait, animait les uns, instruisait les autres. irritait quelques opinions, en satisfaisait davantage, et, en résumé, accoutumait tout le monde à penser au dehors et au-dessus du terre-à-terre où l'on croupissait. La vie n'est pas éteinte chez nous, elle est seulement endormie : il suffit d'une lueur d'espérance pour la ranimer.

Le moment ne saurait être mieux choisi. Malgré notre éloignement du foyer des lumières, nous sentons qu'il se prépare en France un mouvement d'idées favorable aux colonies et aux grandes entreprises dans les pays d'outre-mer. La France n'est-elle pas assez puissante et respectée pour s'opposer à ce que le monopole du commerce de l'océan Indien se concentre dans les mains de l'Angleterre?

Voici Madagascar, qui n'est pas un affreux rocher comme Perim ou Aden, mais qui vaut mieux comme position navale et stratégique. Madagascar est un pays d'immenses ressources ; Madagascar pourra nourrir la France, quand la France voudra faire revivre ses droits sur cette belle contrée.

Le couronnement du chef des Hovas a eu lieu à Tananarive le 24 septembre, en présence des députations envoyées par le gouvernement français et par l'île Maurice. Un traité de commerce et d'amitié a été conclu à Tananarive ; mais il est parfaitement méconnu par les officiers hovas de la côte, à qui la France ôte d'un trait de plume le plus clair de leur solde en stipulant la suppression radicale de tous les droits de douane tant à l'entrée qu'à la sortie des marchandises.

La mission anglaise s'agite beaucoup à seule fin d'obtenir la concession des baies de Vohémar et de Diégo-Suarez, les deux points les plus importants de l'océan Indien en cas de conflit maritime, et sur lesquels l'Angleterre a naturellement jeté sa convoitise. Le commandant de Sainte-Marie est descendu en toute hâte de la capitale pour planter le drapeau français sur le littoral de ces deux baies avant l'arrivée des Anglais, qui s'y rendent par terre. C'est pour nous le prix de la course...

De graves événements sont peut-être à la veille de se produire. Les contestations surgissent, les conjectures vont leur train, et l'on se demande avec anxiété ce que nous réserve la politique incertaine de Rakout, l'instrument inerte et passif de l'oligarchie hova, dont les intentions malveillantes à notre égard ne font doute pour personne. Les uns fondent de grandes espérances sur sa docilité à accueillir les idées de liberté, d'ordre et de progrès ; d'autres, au contraire (ce sont les plus clairvoyants et les plus nombreux), persistent à nier la sincérité des démonstrations de Rakout, trop amicales, disent-ils, pour avoir chance de durée. Cette dernière appréciation semble, de prime abord, empreinte d'exagération, tandis qu'elle doit être tenue pour l'expression fidèle de la vérité. Il faut, à coup sûr, pour avancer une opinion si radicale, connaître à fond le caractère fourbe, haineux, des Hovas; mais, quand on les voit de près, il n'est pas malaisé de juger du peu de valeur de ces témoignages d'amitié: tout cela est vide de sens.

La relation officielle des événements accomplis à Tananarive est attendue avec une vive impatience et fixera l'opinion sur les résultats de l'ambassade, ainsi que sur les intrigues sans cesse croissantes des Anglais. Mettons tout de suite à l'écart le côté purement pittoresque. Il est clair que les détails de mœurs et de coutumes si étranges ne peuvent manquer de piquer la curiosité; mais là s'arrête l'utilité de ces sortes de descriptions, où l'on a si grande latitude pour se laisser aller aux caprices de l'imagination. Sur le terrain de la politique, il en est autrement: on y rencontre des faits qui tracent les limites naturelles de la discussion; il importe donc de les grouper et d'en aborder l'examen, sans parti pris comme sans réticences.

I. — C'est depuis cinquante ans à peine que le nom des Hovas figure dans l'histoire malgache. Leur origine est très-ancienne, car Edrisi, géographe arabe du XIe siècle, cité par Aboulféda, fait mention de la communauté de langage et d'origine qui existait entre les habitants du *Zabedj* (Java) et ceux du *Zendj* (Madagascar); mais on ne voit nulle part la date précise de cette migration malaise, qui eut lieu sans doute à une époque fort reculée (1). Ce qu'il y a de sûr, c'est que la colonie malaye, après un long séjour à la côte, remonta le cours des rivières pour échapper aux violences pratiquées envers elle par les tribus indigènes. Refoulée par ses adversaires dans l'inté-

(1) Ce curieux détail d'ethnographie se trouve consigné dans la *Géographie d'Aboulféda*, traduite de l'arabe par M. Reinaud, de l'Institut. Voyez t. I, p. cccxc (*Introduction*). Paris, Imprimerie nationale, 1848.

rieur de l'île , elle se vit sans cesse en butte aux outrages et au mépris des peuplades voisines. Ces misérables parias, ces Malais, telle fut la souche des Hovas.

Mais leur destinée change tout à coup au commencement du siècle. Ils se relèvent de l'abjection où ils étaient tombés, grâce à l'esprit entreprenant et à l'énergie d'Andrian-Ampouine, leur chef. A sa mort, arrivée en 1810, Radama, son fils, homme cruel, vaniteux et dévoré d'une ambition insatiable, monte sur le trône après s'être souillé du sang de sa famille. Il rêve des projets de conquête et voit son plan se réaliser en partie, car il se laisse guider par l'appât de l'or et par les manœuvres de la politique anglaise, si heureusement représentée par Farquhar, gouverneur de la belle île de France, qui nous a été ravie par l'Angleterre.

Cet administrateur, ajoutant l'astuce à la jalousie, parvient à pénétrer les pensées intimes du jeune chef barbare , et s'attache dès lors à flatter ses instincts de gloriole ainsi qu'à développer en lui des idées de domination et la haine du nom français. Présents, parures, chevaux de luxe, armes et munitions de guerre, missions, traités, il met tout en œuvre pour se concilier la sympathie de Radama, pour détruire notre prépondérance acquise au prix de notre sang et de nos ressources. Ne pouvant agir par la force, il a recours à la ruse et envoie à Tananarive le sergent Hastie muni d'instructions secrètes.

A peine arrivé, l'agent anglais acquiert un grand ascendant sur l'esprit de Radama, instruit les troupes, les forme à la discipline européenne et au maniement des armes, et, par ses supplications, ses bassesses et sa persévérance, arrache au roi, en dépit de l'opposition de ses sujets, la signature d'un traité d'alliance conclu en 1817 avec l'Angleterre, aux termes duquel Radama renonce au commerce des esclaves moyennant un tribut annuel de 200,000 fr. et une grande variété de cadeaux.

Ce n'est pas tout : Hastie prend le commandement en chef de l'armée. Les Hovas, placés sous ses ordres, entrent en 1817 à Tamatave, où ils reçoivent la soumission de Jean René ; en 1822, à Foulpointe, où se trouve encore la pierre attestant notre prise de possession ; en 1823, à Tintingue ; en 1824, à Bombetok (côte ouest). C'est enfin à l'instigation d'Hastie, qui éclipse entièrement Radama, que Ramanoul, suivi de quatre mille Hovas, s'empare en 1825 du Fort-Dauphin, et traîne notre drapeau dans la boue en présence de cinq Français et d'un officier retenus prisonniers par une horde de sauvages.

II. — Tels sont les exploits du trop célèbre Hastie ; tels sont les *glorieux* faits d'armes auxquels l'Angleterre a osé prendre une part si active. Cette tactique indigne, qui met en évidence le caractère envieux des Anglais, révolte le bon sens en même temps qu'elle donne la mesure de la foi politique d'un gouvernement passé maître dans l'art de déguiser, sous le masque de la philanthropie, un redoutable système d'envahissement, à Madagascar comme partout ailleurs.

Sous prétexte de propager la Bible, nous l'avons vu, nous le voyons toujours, diriger des missions politiques à Emirne, fournir des armes à Radama contre nous, effacer jusqu'à la dernière trace de notre influence, et, à force d'argent, de patience et d'activité, concourir à la formation de ce chimérique *royaume hova*, sur lequel nous n'aurons qu'à souffler pour le renverser de fond en comble.

A en juger par la persistance que met l'Angleterre à s'immiscer dans les affaires de Madagascar, on est tenté de se demander si c'est elle qui, la première, a planté son pavillon sur la terre malgache, ce qui pourrait alors expliquer le motif de sa présence dans cette île et constituer à son profit des droits irrécusables.

L'esprit public, en France, s'étonne, s'inquiète de cette obstination, parce qu'avec notre franchise et la noblesse de nos sentiments, nous sommes naturellement enclins à penser que la volonté fermement arrêtée de conquérir Madagascar ne peut trouver de justification que si l'on prend pour base une priorité notoire, résultant du fait de la prise de possession et constatée par de nombreux actes de souveraineté. La question ainsi posée ne laisse aucune confusion dans l'esprit : il s'agit maintenant d'en chercher la solution.

Nous n'irons pas secouer la poussière de nos vieux parchemins en nous reportant à l'année 1642 pour démontrer, pièces en main, les droits de la France sur Madagascar. Qu'il nous suffise de rappeler l'ordonnance royale de 1686, réunissant l'île de Madagascar aux domaines de la couronne sous le nom de *France Orientale*, ainsi que la longue succession, sur toute l'étendue de la côte est, des agents français depuis Rigault jusqu'à Sylvain Roux, lequel fut contraint par des forces supérieures de livrer aux Anglais nos comptoirs de Madagascar, lors de la prise des iles Mascareignes en 1810. Ce fut peu de temps après qu'eut lieu la seule et unique tentative d'établissement qu'aient faite les Anglais à Port-Louquez ; mais ils furent bientôt presque tous massacrés par les naturels, indignés du spectacle de leur raideur, de leur insolence et de leurs injustices.

Arrêtons-nous plutôt au démêlé diplomatique de 1816, qui va nous fournir la preuve péremptoire de la reconnaissance des droits de la France solennellement proclamés, et par qui ? — par l'Angléterre. Elle ne saurait donc être recevable à les dénier aujourd'hui.

Une clause du traité de Paris de 1814 portait restitution à la France des colonies qu'elle possédait avant 1792, à l'exception de quelques-unes, parmi lesquelles se trouvaient comprises l'île de France et ses dépendances. Aucune équivoque ne semblait pouvoir s'élever sur ce texte ; mais Farquhar, avec sa loyauté accoutumée, trouva le moyen de soulever une réclamation qui aurait pu certes donner naissance à un conflit, s'il n'avait pas été fait droit à notre demande.

Faisaut fléchir à sa guise la disposition si formelle du traité, il se persuade sans peine que l'île Madagascar doit être considérée comme dépendance de l'île Maurice, et à ce titre tomber sous la domination exclusive de l'Angleterre, celle-ci se trouvant substituée à la France dans sa souveraineté sur la grande terre africaine. C'était un acte d'insigne mauvaise foi joint à une erreur de géographie, car, pour légitimer une telle doctrine, on serait conduit à renverser les situations et à soutenir que le principal doit suivre le sort de l'accessoire. Le gouverneur de Bourbon, ému des conséquences funestes qu'entraînait cette interprétation erronée, en réfère aussitôt au gouvernement de la Restauration ; celui-ci proteste énergiquement, fait valoir

ses titres de propriété et obtient du cabinet de Saint-James le désaveu
le plus formel de la conduite du gouverneur de Maurice.

III. — Voilà qui est clair, précis, catégorique. Mais ce serait se
tromper que de croire qu'après une renonciation à la souveraineté de
Madagascar, l'Angleterre ait jugé prudent et conforme à l'honneur
de se retirer aussitôt de cette contrée ; tout au contraire, elle affecte
plus que jamais d'exercer une influence sur la destinée des Hovas, en
participant à leurs affaires, en favorisant l'exécution de leurs des-
seins, en tâchant d'élever leur puissance sur les ruines de la nôtre.

Telle fut la ligne politique qu'inaugura Farquhar pour se consoler
de la déception qu'éprouva son orgueil. Au lieu d'agir au grand jour,
il nous suscite secrètement des entraves, encourage l'insurrection de
Radama Ier, met des frégates anglaises à sa disposition et proclame
en 1823 cet usurpateur *roi de Madagascar*, malgré les vives protes-
tations du commandant de Sainte-Marie.

De si perfides conseils devaient nécessairement porter leurs fruits.
En 1828, après la mort de Radam, Ranavalo, sa cousine, prit en
mains les rênes du pouvoir, et ce fut pour cette femme sanguinaire
l'occasion de donner libre carrière à ses instincts de cruauté.

La sagaie, le tanghin, l'exposition aux caïmans, le supplice de la
croix, étaient, sous ce règne, les moyens ordinaires d'intimidation ;
l'abus de la force était porté au dernier degré ; les vexations se mul-
tipliaient ; la position des Français établis à Madagascar devenait de
jour en jour plus humiliante.

L'expédition de 1829, commandée par le capitaine de vaisseau
Gourbeyre, vint ramener un instant leur confiance ; mais tout le
monde sait que cette descente militaire, composée de *trois cents*
hommes, aboutit à l'évacuation de Tintingue en 1831, après quelques brillants succès remportés à Tamatave et à la pointe à Larrée,
mais suivis d'un échec regrettable à Foulpointe, où nos soldats, cé-
dant à un moment de panique, au cri de *sauve qui peut* poussé par
le capitaine Phœnix, prirent la fuite devant une poignée de sauvages.
Aucune proposition de paix ne fut acceptée par Ranavalo.

Nos nationaux, livrés dès lors à la merci des Hovas, exprimèrent pendant longtemps leurs doléances au gouvernement de juillet, et ce ne fut qu'en 1845 qu'arriva dans la mer des Indes l'expédition Romain-Desfossés. Hâtons-nous de dire qu'elle fut aussi stérile que l'autre, et que, pour la seconde fois sur le rivage de Madagascar, nos troupes rebroussèrent chemin en montant à l'assaut du fort de Tamatave, ce qui autorisa les Hovas à se parer du titre de *braves des braves*, en souvenir de leur nouvelle victoire sur les Français. On était parti avec la conviction de donner une rude leçon aux Hovas, on revint avec l'humiliation d'avoir effectué une honteuse retraite.

Diverses causes servent à expliquer cet insuccès; mais nous l'attribuons surtout à l'insuffisance des moyens matériels, au vague des instructions, à l'opposition systématique des divers gouvernements de notre île à la colonisation de Madagascar. Quoi qu'il en soit, les conséquences de ce revers furent irréparables : nos traitants furent expulsés, leurs propriétés confisquées, et les approvisionnements des deux îles en viande de boucherie longtemps suspendus par la fermeture des ports hovas au commerce. Depuis l'avénement de Rakout au trône, la situation paraît avoir subi quelque amélioration; quelle sera la durée de ces réformes?

Mais, objecte-t-on, l'action commune avec les Anglais n'est-elle pas un précédent que l'on pourrait invoquer à l'appui de cette supposition que la France et l'Angleterre sont liées, par un traité secret, à ne tenter aucune opération militaire à Madagascar, si ce n'est en combinant leurs forces?

Comme on l'a dit à la tribune en 1846, il n'y avait dans les événements de Tamatave rien qui portât atteinte à nos droits; il n'y avait là aucun sacrifice à l'entente cordiale, aucun concert préalable entre les deux nations. Une corvette anglaise, le *Conway*, était mouillée par hasard dans la baie de Tamatave, quand arrivèrent le *Berceau* et la *Zélée*, où se trouvaient nos compagnies de débarquement, et si les drapeaux des deux nations ont flotté l'un à côté de l'autre dans cette affaire, c'était qu'il fallait pourvoir à la nécessité du moment. Parmi les résidents de Tamatave, on comptait, il est vrai, quelques sujets anglais; mais, nos nationaux y étant en plus grand nombre, la France prenait l'initiative de cette expédition et en assumait la responsabilité aux yeux de l'Europe; elle allait, dans son propre intérêt et sans avertir aucune puissance étrangère, infliger aux Hovas un châtiment mérité, mettre à couvert les personnes et les propriétés des traitants, et cela tout en faisant ses réserves pour la question de revendication.

Qu'importe donc que la corvette anglaise ait associé ses efforts à ceux de nos marins? Cela ne se voit-il pas tous les jours? et s'ensuit-il que l'Angleterre puisse s'adjuger, de sa propre autorité, la moindre compensation territoriale? Que l'on fasse un pompeux éloge des sentiments d'humanité qui ont porté le capitaine anglais à secourir ses compatriotes sur une plage inhospitalière, c'est de toute justice; mais, si l'on vient dire que cette coopération purement accidentelle compromet l'avenir et qu'elle aurait pu servir de fondement à un partage, si l'expédition eût été couronnée de succès, nous repousserons ce langage antipatriotique de toute la force de nos convictions; car il trouve sa condamnation dans la pratique des faits et dans les principes du droit des gens.

En résumé, c'est pour la France une question de politique nationale de s'établir définitivement à Madagascar, comme elle a pris possession de Sainte-Marie, Mayotte, Nossi-Bé et dépendances, sentinelles avancées de notre future occupation militaire. Le point d'honneur nous fait un devoir d'aller déchirer le drapeau qui nous a insultés à Tamatave, au Fort-Dauphin, à Foulpointe, et de nous relever dans l'esprit des tribus malgaches nos alliées.

La France a tout d'abord à restreindre ses vues à l'occupation militaire de la province d'Ankara, qui s'étend, on le sait, depuis le cap d'Ambre, l'extrémité septentrionale de Madagascar, jusqu'à la baie de Passandava, sur la côte occidentale. C'est la zone la plus étroite, mais *la plus saine* et la plus fertile de l'île malgache; c'est aussi le pays le plus riche en productions utiles et précieuses, en minerais et en amas de charbon de terre. Point de marais dans cette région, par conséquent pas de fièvre. Les cyclones des tropiques n'y portent jamais leurs ravages. Antsinghi, Vohémar, Angontsi, sont les seuls postes que les Hovas aient établis dans cette province.

C'est là qu'est situé Diégo-Suarez, port naturel d'un périmètre de 25 lieues, où les flottes des deux mondes pourraient se donner rendez-vous, et offrant aux navires un abri plus sûr que la rade de Rio-Janeiro. Vu le rétrécissement de l'île en cet endroit, un chenal de 5 kilomètres suffirait pour mettre ce port en communication avec la côte ouest : on éviterait par là de doubler le cap d'Ambre pour se rendre à Nossi-Bé.

Ainsi le plan de campagne se trouve naturellement tracé : occupation militaire des ports du Nord, notamment de Vohémar, de Leven, de Port-Louquez, de Diégo-Suarez (côte E.), d'Ambavanibé (port Liverpool), de Passandava, de Bavatoubé (côte O.). Deux régiments, tel est l'effectif nécessaire à la réussite de cette opération, qui doit être antérieure à toute colonisation ; mais c'est à l'élément civil seul que sera confiée la tâche de mettre les terres en culture, d'exploiter les mines et les forêts, de fonder des établissements maritimes. De juin à octobre, on est à l'abri des attaques de la fièvre, et encore la maladie ne sévit-elle ni dans le Nord, ni dans la région du Fort-Dauphin. Que les convois soient donc organisés de façon que les troupes soient réunies et prêtes à agir dès le début de la belle saison : par là leur acclimatement s'opérera sans brusque transition.

C'est une mauvaise tactique assurément de prolonger le *statu quo*, de réserver l'exercice de nos droits ; mais on se jetterait dans une voie plus périlleuse encore si l'on commettait la faute d'entreprendre une expédition de compte à demi avec l'Angleterre. Ne nous laissons pas effrayer outre mesure par le danger de l'intervention anglaise : ce n'est qu'un mythe. Lorsqu'une colonne expéditionnaire française débarquera sur la terre malgache, soyons tous assurés d'une chose, c'est que les Anglais, qui font aujourd'hui tant de bruit à Émirne avec leur fanfaronnade ordinaire, mettront plus de promptitude à abdiquer leurs folles prétentions sur ce pays qu'ils n'ont mis de persistance à nous en éloigner. Rappelons-nous, surtout, que les Hovas aussi ne sont pas nos amis, et que la trêve actuelle aboutira tôt ou tard à une sanglante catastrophe.

C'est alors qu'il faudra se décider à agir; c'est alors qu'il sera utile de diriger de ce côté l'attention du gouvernement impérial. Tananarive vaut bien Mexico, au point de vue stratégique. Madagascar, éloigné de vingt jours de Toulon par la voie de Suez, et n'étant pas destiné, comme l'Algérie, à servir d'école d'application pour notre armée, ne coûtera pas à la France de lourds sacrifices en hommes et en argent. Laissons aux événements le soin de confirmer nos prévisions.

FIN.

6028. — Paris, Imp. JOUAUST père et fils, rue Saint-Honoré, 338.